ik vis ik

Daniëlle Schothorst

z ⚡♀🚐✉ Zwijsen

ik vis.
mis, mis, mis.
ik vis ...
maan?
ik vis maan!

9

11

sterretjes bij kern 1 van Veilig leren lezen

na 12 dagen leesonderwijs

1. ik vis ik
Daniëlle Schothorst

2. rim, raam, ris, roos
Gitte Spee

3. ik vis vis
Nicolle van den Hurk